AF370011

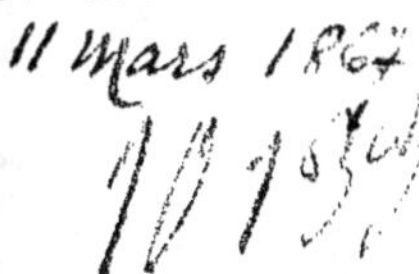

CATALOGUE

DE

TABLEAUX

ANCIENS

DES ÉCOLES FLAMANDE & HOLLANDAISE

COMPOSANT LA

Collection de M. V. H..., d'Amsterdam

DONT LA VENTE AUX ENCHÈRES PUBLIQUES AURA LIEU

HOTEL DROUOT, SALLE N° 3

Le Lundi 11 Mars 1867

A DEUX HEURES

Mᵉ **DELBERGUE-CORMONT**, Commissaire-Priseur,
rue de Provence, 8,

Assisté de **M. DHIOS**, Expert, rue Le Peletier, 33,

Chez lesquels se délivre le présent Catalogue.

EXPOSITION PUBLIQUE

Le DIMANCHE 10 Mars 1867, de une heure à cinq heures.

PARIS

RENOU & MAULDE

IMPRIMEURS DE LA COMPAGNIE DES COMMISSAIRES-PRISEURS
Rue de Rivoli, 144.

—

1867

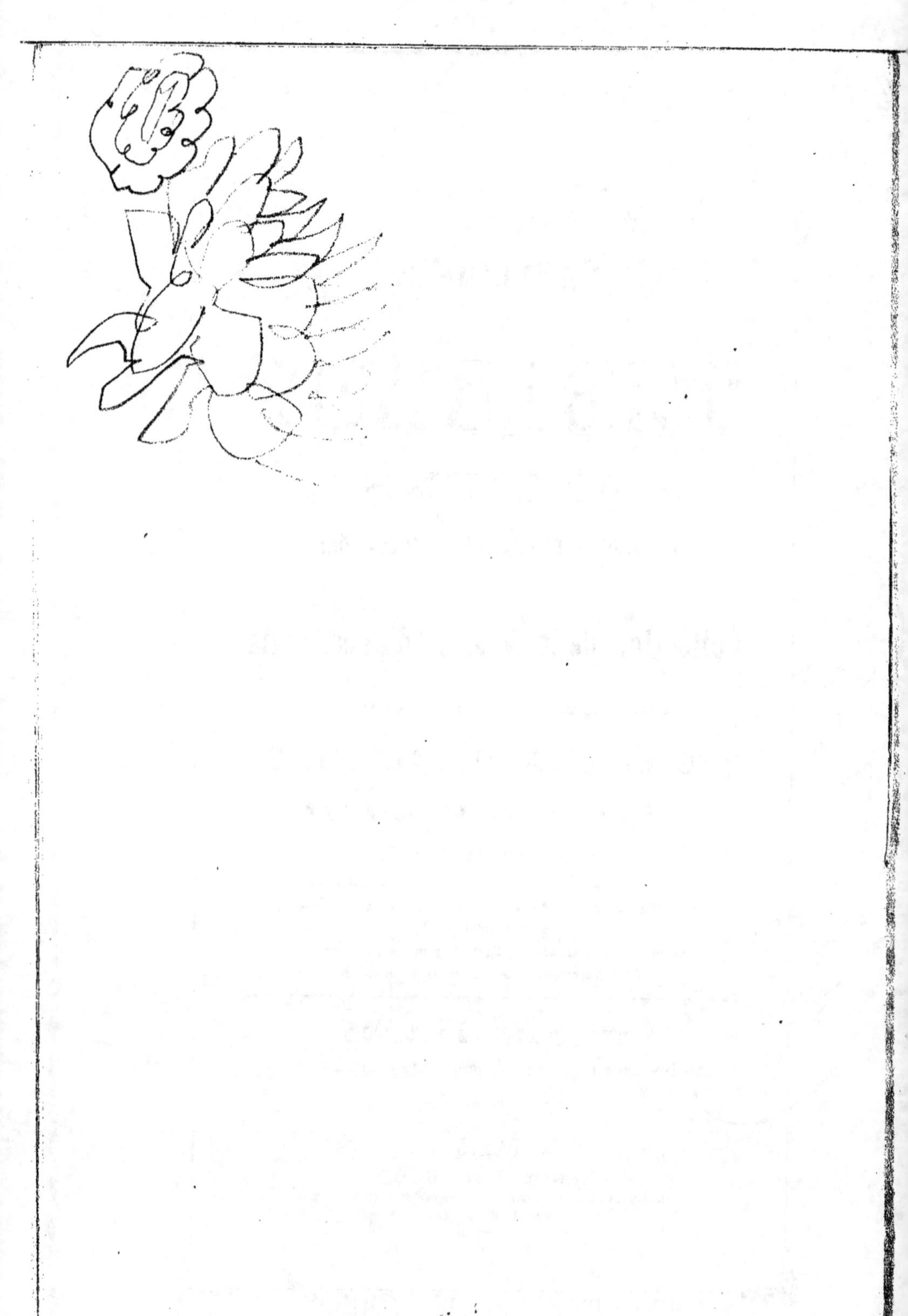

CATALOGUE

DE

TABLEAUX

ANCIENS

DES ÉCOLES FLAMANDE & HOLLANDAISE

COMPOSANT LA

Collection de M. V. H..., d'Amsterdam

DONT LA VENTE AUX ENCHÈRES PUBLIQUES AURA LIEU

HOTEL DROUOT, SALLE N° 3

Le Lundi 11 Mars 1867

A DEUX HEURES

Me DELBERGUE-CORMONT, Commissaire-Priseur,
rue de Provence, 8,

Assisté de **M. DHIOS**, Expert, rue Le Peletier, 33,

Chez lesquels se délivre le présent Catalogue.

EXPOSITION PUBLIQUE

Le Dimanche 10 Mars 1867, de une heure à cinq heures.

PARIS

RENOU & MAULDE

IMPRIMEURS DE LA COMPAGNIE DES COMMISSAIRES-PRISEURS

Rue de Rivoli, 144.

1867

CONDITIONS DE LA VENTE

Elle aura lieu au comptant.

Les Acquéreurs paieront CINQ pour cent en sus du prix d'adjudication.

L'Exposition mettant les Acquéreurs à même de se rendre compte de l'état des Tableaux, il ne sera reçu aucune réclamation après l'adjudication prononcée.

DÉSIGNATION

DES

TABLEAUX

F. [HALS (Attribué à)

1 — Buveur tenant une canette.

BAUER.

2 — Marine avec vaisseaux de guerre.

OSTADE (Isaac).

3 — Intérieur d'une maison de Paysans.

ECKHOUT [(J.-J.).

— Scène d'intérieur.

— Une Jeune dame, vêtue en robe de satin blanc, est assise près d'une table et feuillette un cahier de musique ; près d'elle une servante et un serviteur, portant le costume oriental, tient un perroquet.

FYT

5 — Gibier mort.

Grande composition où l'on voit des lièvres, des perdrix, des canards, des faisans, des grives et autre gibier; à droite, deux chiens; dans le fond, à gauche, une ville.

Beau tableau décoratif.

VERKOLYE (J.).

6 — Portrait d'homme.

Il est représenté vu de face, assis dans son cabinet.

VERKOLYE (J.).

7 — Portrait d'une dame de distinction.

Elle est représentée vue de face, assise à l'entrée d'un parc.

NEER (Attribué à VAN DER).

8 — Clair de lune sur une rivière de Hollande.

SNYDERS (Attribué à).

9 — Sanglier et Cerf morts gardés par des chiens.

OSTADE (Attribué à Isaac).

10 — Paysage : Effet d'hiver avec patineurs sur une rivière glacée.

VERMEULEN.

11 — Vue de Hollande; effet d'hiver avec nombreuses figures sur une rivière glacée.

HUYSUM (École de J. van).

12 — Corbeille de fleurs.

13 — Bouquet de fleurs dans un vase.

OS (J. van).

14 — Fleurs, Raisins et Prunes. Composition capitale.

MEER (van der).

15 — Scène d'intérieur où l'on voit un cavalier et une jeune femme qui causent.

SCHOTEL (J.-C.).

16 — Vue du port d'Enchuysen.

OS (VAN).

17 — Paysage avec cours d'eau; sur le premier plan des chasseurs se reposent.

MOLNAER (KLAES).

18 — Paysage : les Laveuses.

19 — Paysage avec pêcheurs assis au bord de l'eau.

BERGEN (THIERRY VAN).

20 — Troupeau de vaches au repos gardées par un jeune garçon qui cause à une villageoise portant une corbeille sur la tête.

Bon tableau.

MAES (N.).

21 — Portrait d'une vieille femme.

Bonne peinture dans le style de Rembrandt.

OS (VAN G.-J.-J.).

22 — Fruits et Fleurs.

TOL (DOMINIQUE VAN).

23 — Dame hollandaise et sa fille, assises dans un intérieur hollandais.

Belle qualité du maître.

WYCK (Thomas).

24 — Alchimiste dans son laboratoire.

WYCK (Thomas van).

25 — Intérieur d'un alchimiste.

KESSEL (van).

26 — Intérieur d'un village hollandais.

27 — Vue d'un château hollandais.

HEYDEN (Manière de van der).

28 — Vue d'Amsterdam.

WINTER.

29 — Petite marine : Clair de lune.

VAN DER PEYLE (Signé).

30 — Dame et Seigneur dans un parc.

KOBELL (L.-J.).

31 — Vaches au repos dans un pâturage.

OS (VAN).

32 — Taureau, Chèvre et Mouton dans un pâturage.

LATOUR.

33 — Les Joueurs d'échecs.

NEER (Attribuée à VAN DER).

34 — Rivière de Hollande.

RUYSDAEL (École de).

37 — Paysage avec pont rustique.

OSTADE (D'après).

36 — Intérieur d'un ménage hollandais.

PRINS.

37 — Intérieur d'une ville de Hollande.

SCHALKEN (GODEFROID).

38 — Pygmalion amoureux de sa statue ; effet de lumière.

MOLYN (P.).

39 — Paysage.

ÉCOLE HOLLANDAISE.

40 — Le Marchand de Tulipes. (Allégorie.)

ÉCOLE ITALIENNE.

41 — Vue d'une ville d'Italie.

BAUER.

42 — Petite Marine ; mer houleuse.

43 — Petit Paysage avec berger conduisant un troupeau de moutons.

MOUCHERON.

44 — Petit Paysage historique. (Pendant ¦du précédent.

PEN CATE.

45 — Petite Marine ; effet de nuit.

DOW (D'après Gérard).

46 — Jeune Fille sur l'appui d'une fenêtre ; effet de
lumière.

KESSEL (VAN).

17 — Réunion de Singes.

ÉCOLE HOLLANDAISE.

48 — Paysage avec ruines.

VERMEULEN.

49 — Paysage ; effet d'hiver avec patineurs sur une rivière glacée.

ÉCOLE GOTHIQUE ALLEMANDE.

50 — La Vierge et l'Enfant Jésus au milieu d'un paysage.

HONDEKOETER.

51 — Coqs et Poules au milieu d'un paysage.

HONTORST (G.).

52 — Un Fumeur.

DE WETH.

53 — Jeu d'Enfants.

54 — Concert d'Enfants. (Pendant du précédent).

HOOGHE (D'après Pierre de).

55 — Intérieur d'une maison hollandaise, orné de figures.

WAPPERS (Baron de)

56 — Jean Steen avec sa fiancée et sa mère.

STRY (van).

57 — Animaux au pâturage.

STEEN (D'après Jean).

58 — La Visite du Docteur.

BELDEMAKER.

59 — Retour de chasse.

ÉCOLE GOTHIQUE ALLEMANDE.

60 — Hérodiade.

MANS.

61 — Patineurs sur un canal glacé.

VERMEULEN.

62 — Paysage avec pâtre conduisant des bestiaux ; effet de soleil couchant.

VERMEULEN.

63 — Paysage : Vue d'une forêt avec bûcheron; effet d'hiver.

GOLTIUS.

64 — Triton monté sur un dauphin (Grisaille).

DENIS.

65 — Grand paysage, animé de figures et d'animaux.

Sur le devant, une vache furieuse s'attaque à un chien.

ÉCOLE FLAMANDE.

66 — La Destruction de Sodôme.

HONDEKOETER (École).

67 — Poule et Coq dans un paysage.

JANSON ᴠᴀɴ TIEULEN

68 — Portrait d'un jeune Guerrier.

VAN OS.

69 — Le Passage du Bac.

MUSSCHER.

70 — Portrait d'un Guerrier ; époque Louis XIV.

MAAS (N.).

71 Portrait de jeune femme.

RUYSDAEL (J. Attribué).

72 — Beau Paysage avec grands arbres.

Sur le premier plan, un villageois conduit un troupeau de cinq vaches. Les figures sont peintes dans le goût d'Adrien van de Velde.

JOOSTING (Daniel).

73 — Lièvre et Canard appendus à un tronc d'arbre.

74 — Vase rempli de fleurs.

ÉCOLE ITALIENNE.

75 — La Sainte Famille.

OS (G.-J.-J. van).

76 — Vase de fleurs.

RUYSCH (Rachel).

77 — Bouquet de fleurs dans un vase.

J. BUTTNER (Signé).

78 — Trois grandes toiles décoratives.

La plus grande représente au centre une déesse ; au-dessus un groupe d'amours tenant des fleurs et une couronne ; au bas, Neptune ; les deux autres, des déesses avec des amours.

Hauteur de la plus grande, 3 m. 55 c.; largeur, 1 m. 82 c.

HELST (École de van der).

79 — Portrait d'homme.

DYCK (École de van).

80 — Portrait d'homme.

MIRVELT.

81 — Portrait d'un astronome.

82 — Portrait d'une dame avec perles dans les cheveux.

83 — Portrait d'homme portant une collerette à fraises.

ÉCOLE FLAMANDE.

84 — Portrait d'homme coiffé d'une toque noire.

85 — Portrait d'une dame de distinction, costume du XVIᵉ siècle.

HALS (Genre de F.).

86 — Portrait d'homme.

87 — Portrait de femme.

ROOSEBOOM.

88 — Vue prise au bord de la mer.

NETSCHER (G.).

89 — Vénus endormie.

Renou et Maulde, imprimeurs de la Compagnie des Commissaires-Priseurs, rue de Rivoli, 144. 1582

www.ingramcontent.com/pod-product-compliance
Lightning Source LLC
LaVergne TN
LVHW021901180726
843502LV00008B/2812